Walter Kasper

Kirche – wohin gehst du?

Walter Kasper

Kirche – wohin gehst du?

Die bleibende Bedeutung des II. Vatikanischen Konzils

VERLAG
BONIFATIUS-DRUCKEREI PADERBORN

Imprimatur. Paderbornae, d. 11. m. novembris 1986
Nr. 1/A 58-22.3/91 – Vicarius Generalis Bruno Kresing

CIP-Kurztitelaufnahme der Deutschen Bibliothek

Kasper, Walter:
Kirche – wohin gehst du?: Die bleibende Bedeutung d. II. Vatikan. Konzils/Walter Kasper. – Paderborn: Verlag Bonifatius-Druckerei, 1987.
ISBN 3-87088-514-9

ISBN 3 87088 514 9

Gesamtherstellung: Bonifatius-Druckerei Paderborn

Was ist vom Konzil geblieben?

Kein Ereignis der jüngeren Kirchengeschichte hat die Situation – nicht nur der katholischen Kirche, sondern der gesamten Christenheit – so nachdrücklich bestimmt und auch verändert wie das II. Vatikanische Konzil, welches am 11. Oktober 1962 von Papst Johannes XXIII. eröffnet wurde und vor nunmehr schon über 20 Jahren am 8. Dezember 1965 unter Papst Paul VI. auf dem Petersplatz in Rom feierlich zu Ende gegangen ist.

Zwanzig Jahre sind für unser menschliches Gedächtnis eine lange, für die Kirchen- und Konziliengeschichte aber eine kurze Zeit. Gewöhnlich kann man die volle Bedeutung eines Konzils erst nach frühestens 100 Jahren einigermaßen beurteilen. Bis jetzt ist das letzte Konzil noch immer umstritten. Für die allermeisten war und ist es ein Zeichen des Aufbruchs und der Erneuerung, das sie lebhaft begrüßen. Für nicht ganz so wenige aber ist es, auch wenn sie es nicht offen sagen, eine Art Zwischenfall, vielleicht sogar ein Unfall und ein Unglück, welches in der Kirche Verunsicherung und Verwirrung angerichtet hat. Der Streit darüber scheint freilich inzwischen schon fast müßig zu sein. Denn die allermeisten, vor allem die Jüngeren unter uns, können sich kaum mehr erinnern, was in den so aufregenden Konzilsjahren zwischen 1962 und 1965 geschehen ist. Und wohl die allerwenigsten haben die vielen langen, inhaltsschweren Texte dieses Konzils – 4 Konstitutionen, 9 Dekrete, 3 Erklärungen – vollständig gelesen. Sie kennen das Konzil nur vom Hörensagen, und ihre Kenntnis reicht oft genug nicht über ein paar Wortfetzen oder gar Schlagworte hinaus.

Wenn wir also fragen: Kirche, wo stehst du?, Kirche, wohin gehst du?, oder besser: Wo stehen wir?, wohin gehen wir? – wenn wir so fragen, dann müssen wir zuerst unsere Erinnerung etwas auffrischen und die dramatische Geschichte vor und während des Konzils vor unserem geistigen Auge wieder lebendig werden lassen. Wir müssen uns dann die manchmal so turbulenten 20 Jahre nach dem Konzil vorstellen, in denen sich oft genug widersprüchliche Positionen gemeinsam, aber gegeneinander, auf ein und dasselbe Konzil berufen haben. Erst am Schluß können wir dann versuchen zu sagen, was dieses Konzil – hoffentlich – bleibend bedeutet und was es für die Zukunft – die Zukunft, die dieses Konzil noch längst nicht hinter sich, sondern noch immer vor sich hat – bedeuten kann.

I.
Die Zeit vor dem Konzil

Wie war es denn vor dem Konzil? Ich erinnere mich noch sehr gut, wie ich nach meinem Abitur im Frühjahr 1952 zum ersten Mal in meinem Leben mit einer Gruppe des Bundes Neudeutschland nach Rom kam. Obwohl wir nur etwa 20 Mann waren, hatten wir durch die Vermittlung von Pater Leiber, einem der engsten Mitarbeiter des Papstes, eine eigene Audienz bei Papst Pius XII. Eine Papstaudienz, das war damals freilich noch etwas ganz anderes als heute. Der Vatikan war ein Hofstaat, der Papst eine fast sakrale, unnahbare, aber von uns rückhaltlos anerkannte und verehrte Autorität. Selbst Bischöfe, die in Privataudienz zum Papst kamen, mußten in Abständen dreimal vor ihm auf das linke Knie fallen, das rechte Knie war auch damals schon für den lieben Gott vorbehalten. Ein scherzender Papst, dem man bei der Audienz einfach so die Hand gibt, und den man begrüßt: Grüß Gott,

Heiliger Vater!, das war damals völlig unvorstellbar. Noch undenkbarer war es damals für einen Katholiken, den Papst oder auch „nur" einen Bischof öffentlich zu kritisieren.

Die vorkonziliare Kirche war eine „acies bene ordinate", sie glich einem bestens geordneten Heerlager unter streng hierarchischer Führung. Zusammengewachsen war man zuerst im Abwehrkampf gegen die Reformation, später gegen die Aufklärung und gegen die Übergriffe des Staatsabsolutismus im 18. Jahrhundert, im Kulturkampf des 19. Jahrhunderts und schließlich im Kirchenkampf während des Dritten Reiches. Eine einheitliche Theologie, die Neuscholastik, und eine einheitliche, durch päpstliche Verlautbarungen immer wieder aktualisierte kirchliche Soziallehre bestimmten alles. Kurzum: eine Geschlossenheit, die für die allermeisten Katholiken so etwas wie geistige Heimat war und die viele heute zurückwünschen.

Aber diese Geschlossenheit hatte ihren Preis. Sie war teuer bezahlt durch Abgrenzung nach außen, sowohl von den anderen

Kirchen wie von der modernen Welt. Seit dem unseligen Galileiprozeß im 17. Jahrhundert war ein verhängnisvolles Schisma zwischen kirchlichem Glauben und der von der modernen Wissenschaft bestimmten Welt entstanden. Verlor die Kirche im 18. Jahrhundert großenteils die Intellektuellen, so im 19. Jahrhundert weithin die Arbeiter. Die Würzburger Synode sprach von einem fortwirkenden Skandal. Papst Paul VI. hat das Auseinanderfallen von christlichem Glauben und moderner Kultur als das Drama unserer Zeit bezeichnet. Zwischen den getrennten Kirchen aber herrschte drei bis vier Jahrhunderte lang eine Art Eiszeit. Ökumenischer Dialog und erst recht Dialog mit den nichtchristlichen Religionen war zumindest kirchenamtlich nicht vorgesehen, und die ersten Pioniere dieses Dialogs wurden beargwöhnt, behindert und getadelt. Hans Urs von Balthasar sprach damals von einer notwendigen „Schleifung der Bastionen". So gab es denn auch schon vor dem Konzil Bewegung in der Kirche. In Frankreich, wo die Entfremdung zwischen Kirche und Gesellschaft am weitesten vorangeschritten war, entstand eine neue pastorale und missionarische Bewegung: die mission de France, die mission de Paris, die Arbeiterpriester, die sich neu um eine „Inkarnation" der Kirche in der Welt von heute mühten. In Deutschland schrieb R. Guardini schon 1922 die bekannten Worte: „Die Kirche erwacht in den Seelen". Gemeint waren die liturgische Bewegung und die Bibelbewegung. Sie wurden von der damaligen Jugendbewegung – Quickborn, Neudeutschland, Heliand, Sturmschar – begeistert aufgegriffen. Das ging schon damals nicht ohne teilweise schwere Auseinandersetzungen.

Bereits Pius XII. hatte Weitblick genug, diese Bewegungen in großen lehrhaften Enzykliken positiv aufzugreifen: in der Enzyklika „Mystici corporis" (1943) über die Kirche, in der Enzyklika „Divino afflante Spiritu" (1943) über die Auslegung und Bedeutung der Heiligen Schrift und in der Enzyklika „Mediator Dei" (1947) über die Liturgie und die liturgische Erneuerung. Bereits Pius XII. begann darüber hinaus mit der praktischen liturgischen Erneuerung: mit der Erneuerung

der Osternachtfeier und mit einer neuen Übersetzung des lateinischen Psalters. Das Pontifikat Pius' XII. war außerdem gekennzeichnet durch weit über die Kirche hinaus beachtete Stellungnahmen des Papstes zu fast allen Bereichen des modernen Lebens, besonders zur Frage des Friedens und der Einheit der Völker. Erst gegen Ende des Pontifikats Pius' XII. zeigten sich deutliche Zeichen der Erstarrung.
Doch wiederum tat sich unter der Oberfläche vieles und Entscheidendes. Es war die Zeit, da ich in Tübingen von 1952-1956 Theologie studierte, an einer Fakultät mit einer großen eigenen Tradition. Sie hat im 19. Jahrhundert Entscheidendes beigetragen zur Erneuerung des kirchlichen Bewußtseins. Was wir dort lernten, war nicht ein starres, ungeschichtliches neuscholastisches System, sondern – so der Titel eines Buches meines Lehrers Josef R. Geiselmann – „Lebendiger Glaube aus geheiligter Überlieferung". Wir erfuhren, daß der Glaube kein System, sondern ein Weg und ein Prozeß ständigen Weitergebens ist, daß es in diesem Prozeß schon bisher und zu allen Zeiten geschichtliche

Entwicklungen gab. Wir wurden mit der modernen Exegese vertraut und wurden durch sie nicht nur theologisch, sondern auch spirituell bereichert. Durch Yves Congar, der damals eine Gastvorlesung hielt, wurden wir mit entsprechenden Bewegungen in der französischen Theologie, besonders mit der dortigen Erneuerung der Theologie der Kirchenväter, bekannt. Bei den damaligen Auseinandersetzungen über das Verhältnis von Natur und Gnade, Auseinandersetzungen, in denen der heutige Kardinal Henri de Lubac in der Enzyklika „Humani generis" von 1950 verurteilt wurde, ging es um die Überwindung der Kluft zwischen der Botschaft der Kirche und der heutigen Lebens- und Erfahrungswirklichkeit, um eine neue „Inkarnation" des Christentums in unserer Zeit.

Zusammengefaßt und auf den Begriff gebracht wurden für uns damals alle diese neuen Ideen durch Karl Rahner. Ich erinnere mich noch des Erscheinens des ersten Bandes seiner „Schriften zur Theologie". Ich kaufte sie mir in einer Buchhandlung auf dem Weg zum Friseur und war so fasziniert davon, daß ich noch auf der Straße zu lesen begann und die verschiedenen Beiträge einfach in mich verschlang. Kurz darauf hielt uns Karl Rahner im Theologenkonvikt, im Tübinger Wilhelmstift, Exerzitien, in denen uns aufging, daß hinter dieser „neuen Theologie" nicht nur Theorien, sondern eine erhebliche spirituelle Kraft steckte. Sie begleitete und ermutigte uns auf dem Weg zur Priesterweihe. So war alles, was später auf dem Konzil und nach dem Konzil geschah, längst solid vorbereitet in Theologie und im Leben der Kirche. Das Konzil ist nicht vom Himmel gefallen.

Aber auch die Krise, welche nach dem Konzil einsetzte, deutete sich längst an. Bereits in der Modernismuskrise zu Beginn unseres Jahrhunderts meldete sie sich; sie wurde damals mehr verdrängt als überwunden. Nunmehr meldeten sich die längst angestauten, aber unerledigten Probleme mit Macht zu Wort. Als junger Vikar in einer Stuttgarter Arbeitergemeinde konnte man schon längst, bevor das Konzil auch nur angekündigt war, deutlich in der Jugendarbeit, in der

Schule, bei Hausbesuchen das Abbröckeln an dem nach außen scheinbar so festgefügten Bau der Kirche feststellen. Die Säkularisierung aller Lebensbereiche war längst im Gang. Der Einbruch am Ende der 60er und zu Beginn der 70er Jahre wäre gar nicht möglich gewesen, wäre nicht unter dem schönen Putz das tiefer liegende Gemäuer schon zuvor in weiten Teilen brüchig geworden. Die nachkonziliare Krise machte die latente vorkonziliare Krise nur offenbar.

So war beides vorbereitet: die neuen Ideen, die aus der Schrift und der älteren Tradition, besonders aus der Liturgie gespeist waren, und die Krise des Alten. Irgendwie spürte man, daß etwas Neues kommen mußte.

II.

Das Geschenk des Konzils

Auf diesem Hintergrund wird verständlich, daß die Ankündigung von Papst Johannes XXIII. vom 25. Januar 1959 in St. Paul vor den Mauern, ein ökumenisches Konzil und eine römische Diözesansynode einzuberufen sowie eine Kommission einzusetzen für die Reform des kirchlichen Rechts, wie eine Bombe einschlug. Die Jüngeren können es sich heute kaum mehr vorstellen, welche Bewegung das damals in der Kirche auslöste und welche Erwartungen sich daran weit über die Kirche hinaus knüpften. Ein neues Kapitel in der Geschichte der Kirche war aufgeschlagen.

Die Erwartungen und Hoffnungen steigerten sich teilweise ins Utopische, die Enttäuschungen über den Gang der Konzilsvorbereitungen waren nicht geringer. Doch die Eröffnungsrede des Papstes am 11. Oktober 1962 gab wieder der Hoffnung recht. Der Papst widersprach den

Unheilspropheten, welche überall nur Abfall und Zerfall sahen, und sprach von der Morgenröte einer neuen Zeit. Als vollends am Tag darauf die Kardinäle Liénart (Lyon) und Frings (Köln) die kurialen Pläne, welche die vorbereitenden Kommissionen mit ihren weithin enttäuschenden Ergebnissen einfach als Konzilskommissionen weitergeführt sehen wollten, durchkreuzten, da setzte sich endgültig durch, was man seither oft als den Geist des Konzils bezeichnet: der Geist des Freimuts und des Dialogs, der Öffnung zu den getrennten christlichen Brüdern und Schwestern, zu den anderen Religionen und zur modernen Welt sowie der Geist einer durchgreifenden Erneuerung der katholischen Kirche in Entsprechung zu den „Zeichen der Zeit“. Die Welt horchte auf, als sich unter Knarren die schwer verschlossenen und verriegelten Tore der Kirche plötzlich öffneten und frischer Wind von außen in die Konzilsaula hereinkam.

Es waren bewegte Jahre voll von Auseinandersetzung zwischen den damaligen Progressiven und Konservativen. Dabei stellte sich heraus, daß die Progressiven in Wirklichkeit die Konservativen waren; sie hatten die größere und ältere Tradition für sich, die Tradition der Schrift, der Kirchenväter und der großen Scholastiker des Mittelalters. Die sogenannten Konservativen dagegen beriefen sich auf die Tradition der letzten zwei oder drei Jahrhunderte mit all ihren Verengungen und Verkrustungen. Die konziliare Erneuerung war also nicht etwa irgendein Modernismus, sondern Erneuerung aus den ursprünglichen Quellen, aus der Heiligen Schrift und der alten Tradition, besonders aus der liturgischen Tradition der Kirche. Dabei unterschied das Konzil im Anschluß an die Eröffnungsrede von Papst Johannes XXIII. sehr genau zwischen der bleibend verbindlichen Glaubenshinterlage (d. h. den Glaubenswahrheiten) und deren Aussageweise. Das Konzil verstand sich als ein pastorales Konzil. Es hat die ganze bisherige Tradition bewahrt; aber es wollte sie nicht starr wiederholen, sondern sie in lebendiger Weise auf die Probleme von heute anwenden und sie so für das heutige Leben fruchtbar machen.

Vieles wurde geleistet: Die Liturgie wurde neu entdeckt und praktisch erneuert – die Kirche als Volk Gottes, das gemeinsame Priestertum aller Gläubigen, die Kollegialität des Episkopats mit und unter dem Primat des Papstes neu entdeckt –, die Schrift wurde als Seele aller Glaubensverkündigung neu herausgestellt. Die ökumenische Öffnung zu den getrennten Brüdern und Schwestern wurde vollzogen, ein neues Kapitel im Verhältnis zum Judentum aufgeschlagen, die Werte der anderen Religionen wurden anerkannt, bei aller Betonung der bleibenden Bedeutung der Mission. Schließlich die Öffnung zur modernen Welt, deren legitime Autonomie in der Pastoralkonstitution über die Kirche in der Welt von heute anerkannt wurde. Wichtig dafür war vor allem die heftig umkämpfte Erklärung zur Religionsfreiheit. Sie ist grundlegend für die Ortsbestimmung der Christen und der Kirche in der heutigen pluralistischen Gesellschaft; sie ist aber bis heute der Hauptanstoß für die Traditionalisten.
Öffnung zur heutigen Welt, das hieß für das Konzil nicht Anpassung an die Welt,

sondern vor allem missionarische Öffnung über den bisherigen europäischen und nordamerikanischen Kontinent hinaus zu den Völkern und Kulturen Asiens, Afrikas und Lateinamerikas. Das II. Vatikanische Konzil ist das erste wirklich weltkirchliche Konzil, welches eine unübersehbare Gewichtsverlagerung eingeleitet hat von der nördlichen zur südlichen Hemisphäre. In seiner Konsequenz sind relativ eigenständig sich entwickelnde Ortskirchen in Afrika, Asien und Lateinamerika entstanden. Die katholische Kirche ist durch das Konzil und seit dem Konzil „katholischer" geworden.
Die letzte Bischofssynode faßte die Botschaft der insgesamt 16 konziliaren Dokumente in dem Satz zusammen: „Ecclesia – sub verbo Dei – mysteria Christi celebrans – pro salute mundi". „Die Kirche – steht unter dem Wort Gottes – feiert die Geheimnisse Christi – zum Heil der Welt!" Dieses Programm entspricht den vier großen Konstitutionen, welche gleichsam die Achse und der Schlüssel der konziliaren Dokumente sind: Die Kirche, das war das große Thema des Konzils; das

Wesen der Kirche beschreibt die Kirchenkonstitution „Lumen gentium“; – „unter dem Wort Gottes“, dazu bringt die Offenbarungskonstitution über das Wort Gottes bei uns noch wenig ausgeschöpfte Impulse; – „feiert die Geheimnisse Christi“, das ist das Thema der Liturgiekonstitution; – „zum Heil der Welt“, das ist der Inhalt der Pastoralkonstitution über die Kirche in der Welt von heute.
Nimmt man das alles zusammen, dann muß man sagen: Das Konzil war wahrlich keine Katastrophe, es war ein Gnadengeschenk des Heiligen Geistes für die Kirche und für die Welt. Es enthält einen geistlichen und theologischen Reichtum, den wir noch längst nicht ausgeschöpft haben, den wir vielmehr erst heute langsam voll zu entdecken beginnen. Hier ist auch für die theologische Forschung noch sehr vieles zu tun. Die Frage ist freilich: Wie hat sich das Konzil ausgewirkt?, als Erneuerung oder als Erschütterung? Ist die reiche Saat wirklich aufgegangen?

III.
Licht und Schatten der Nachkonzilszeit

Die gestellte Frage läßt sich nicht einfach mit Ja oder Nein beantworten. Wir müssen uns vor den schrecklichen Vereinfachern zur Linken wie zur Rechten hüten. Es gibt Licht und Schatten in der nachkonziliaren Kirche.

Die 16 konziliaren Dokumente waren in vielem das Ergebnis eines mühsamen und nicht selten überaus spannungsreichen Kompromisses, bei dem auch manches auf der Strecke und manche Erwartungen unerfüllt blieben. Dennoch lösten sie zunächst eine ungeheure Dynamik, einen Aufbruch und Umbruch aus, wie er zumindest in der neueren Geschichte der Kirche nur selten zu verzeichnen ist. An dieser Stelle ist in erster Linie das große Verdienst von Papst Paul VI. zu nennen. Zu seiner Zeit wurde er oft verkannt; heute erkennt man in ihm immer mehr einen der größten Reformpäpste der Neuzeit. Seine große geschichtliche Lei-

stung war es, daß er die Intuition seines Vorgängers in die Realität umsetzte, daß er das Konzil glücklich zu Ende führte und daß er dann die konziliare Reform im Laufe von nur 10-15 Jahren in die Praxis übersetzte. Keiner anderen Kirche ist in unserem Jahrhundert ein so umfassendes Werk der Erneuerung in so kurzer Zeit und mit relativ wenig Verlusten gelungen. Das meiste, was in diesen eineinhalb Jahrzehnten geschehen ist, ist uns heute schon fast selbstverständlich. Es gehört zum schlichten kirchlichen Alltag:
Die Reform der Liturgie, nicht nur der Meßliturgie, sondern sämtlicher Sakramente, besonders die Einführung der Muttersprache in der Liturgie – die stärkere biblische und heilsgeschichtliche Ausprägung der Spiritualität und der Theologie – die Einführung von Gremien der gemeinsamen Mitverantwortung in der Kirche auf allen Ebenen (Pfarrgemeinderäte, Diözesanräte, Synoden unter Beteiligung von Laien, Bischofssynode u. a.), überhaupt die stärkere verantwortliche Beteiligung der Laien am Leben der Kirche – die Reform der Orden, der

Priesterseminare, des Theologiestudiums – die ökumenische Annäherung mit den getrennten Kirchen des Ostens wie des Westens – die Öffnung zur heutigen Welt und vieles andere mehr. Das alles ist aus dem Leben der Kirche nicht mehr wegzudenken. Niemand wird im Ernst bestreiten wollen, daß hier sehr viel Positives gewachsen ist. Wer wollte denn auf all dies noch verzichten? Wir können für vieles, was uns der Geist Gottes in dieser nachkonziliaren Phase geschenkt hat, nicht dankbar genug sein. Wer die nachkonziliare Phase der Kirche nur als Zusammenbruch sieht, ist blind für das Wirken des Geistes in der gegenwärtigen Kirche.
Diese Feststellung wird noch eindeutiger, wenn wir auf die Kirche in der Zweiten und Dritten Welt schauen. Die Kirche in der westlichen Welt ist nämlich heute längst nicht mehr das Ganze der katholischen Kirche. Wir können darum von der nachkonziliaren Situation der Kirche nicht reden, ohne nicht auch das Zeugnis der Kirche in der Zweiten Welt zu erwähnen. Es ist ein Zeugnis des Leidens und des Schweigens. Unter dem Schweigen ereig-

net sich aber in den letzten Jahrzehnten hinter dem Eisernen Vorhang eine tiefe geistliche Erneuerung; man kann fast von einer Neugeburt der Kirche sprechen. Sie vollzieht sich, man beachte es wohl, nicht bei den alten, sondern bei vielen jungen Leuten. Wie schon in der alten Kirche, so scheint auch heute das Blut der Märtyrer der Same neuer Christen zu sein.

Vollends positiv wird der Eindruck, wenn wir auf die Kirche in der Dritten Welt schauen. Dort sind nach dem Konzil überall relativ eigenständig sich entwickelnde Ortskirchen entstanden, welche trotz vieler äußerer und innerer Probleme sich als überaus dynamisch erweisen. Die Entwicklung der Kirche in Lateinamerika, welche gekennzeichnet ist durch die beiden Bischofsversammlungen in Medellin und Puebla, ist in besonderer Weise bekannt. Ihre Option für die Armen und für die Jugend ist in der Zwischenzeit zu einem Hoffnungszeichen und Orientierungspunkt für die gesamte Kirche geworden. Nicht weniger erstaunlich und erfreulich ist die Entwicklung der Kirche in Afrika. Viele Länder Afrikas sind längst keine Heidenländer mehr, sondern teilweise Länder mit mehrheitlich christlicher, ja manchmal sogar mehrheitlich katholischer Bevölkerung. In manchen afrikanischen Ländern ist der Strom der erwachsenen Taufbewerber kaum noch zu bewältigen. Es gibt dort ein Laienapostolat, welches uns im Grunde neidisch machen müßte. Die intellektuellen Probleme dagegen, welche uns hier zu schaffen machen, sind dort kaum bekannt.

Dennoch ist zu einem neuen Triumphalismus keinerlei Anlaß. Die Schattenseiten und die Krisenphänomene sind besonders in der westlichen Welt ganz unübersehbar. Der konziliare Aufbruch mündete bei uns schon bald in einen Zusammenbruch und in eine Krise. Die Phase des Enthusiasmus wurde schon bald durch eine Phase der Ernüchterung abgelöst. In der ersten enthusiastischen Phase erschienen die konziliaren Texte vielen als bloße Initialzündung zu einer viel umfassenderen Neugestaltung aus dem wirklichen oder vermeintlichen Geist des Konzils. Dabei schoß vieles über das Ziel hinaus. So machte sich etwa in der liturgischen

Erneuerung oft ein rationalistischer Purismus breit, der gewachsene und gesunde Volksfrömmigkeit zerstörte und so zu einer Verarmung unserer Gottesdienste führte. Manche übersahen, daß die konziliare Erneuerung den Quellen in Schrift und Tradition entsprang und betonten nur noch das Heutigwerden der Kirche. Das führte in der Theologie oftmals zu seltsamen Kapriolen. Vieles kann man nur verstehen, wenn man sieht, daß längst angestaute, aber zu lange verdrängte Probleme nun einen Dammbruch erzeugten und lawinenartig in die Kirche einbrachen. Manche Reformbewegungen glichen freilich einem Raumschiff, welches den Kontakt mit der Bodenkontrolle, die Verwurzelung in der Tradition verloren hat.

In der Phase der Ernüchterung stieß man an die Grenzen der Wandlungsfähigkeit einer Kirche mit einer fast zweitausendjährigen gelebten Tradition. Diese erwies sich als fester und widerstandsfähiger, als manche Reformer im ersten Überschwang meinten. Die mahnenden Stimmen nahmen zu. Die Folge war, neben der faktischen Abspaltung einer kleinen Gruppe von Traditionalisten, eine bis dahin unbekannte Polarisierung in der Kirche. Sie führte zu den Phänomenen des Protests und der Kontestation in der Kirche. Die Würzburger Synode (1971-1975) trug damals Entscheidendes dazu bei, daß die Konfrontationen wieder einigermaßen abgebaut wurden. Dies war nicht zuletzt das Verdienst von Kardinal Julius Döpfner.

Diese Auseinandersetzungen wurden ohnedies schon bald unfruchtbar. Denn progressiv und konservativ, das sind Schlagworte, welche einen Sinn nur ergeben, wenn man sie in ihrer inneren Spannungseinheit betrachtet. Selbstverständlich muß die Kirche konservativ sein, wenn es um die Bewahrung ihres Glaubens und ihrer Einheit geht; bewahren kann sie ihren Glauben freilich nur in offensiver und nicht in rein defensiver Weise. Sie kann den Glauben nur bewahren, wenn sie den Samen des Evangeliums auf dem Acker der Geschichte sät und ihn so fruchtbar werden läßt für heute und morgen. Viele Gläubige wußten jedoch im sterilen Streit der Meinungen innerhalb

der Kirche nicht mehr, woran sie waren, sie verloren den Überblick und die Orientierung. Sie hatten das Gefühl, ihrer Heimat beraubt zu sein.
Doch es blieb nicht bei den inneren, sozusagen hausgemachten Problemen. Ein zweites Element kam hinzu: die Veränderung der gesellschaftlichen Großwetterlage. Die Konzilszeit der Jahre 1962-65 war allgemein eine optimistische, auf Evolution und Fortschritt eingestellte Epoche. Es war die Kennedy-Ära, die nach „neuen Grenzen" strebte. Auch die unmittelbar nachkonziliare Epoche war davon geprägt. Ende der 60er und Anfang der 70er Jahre wurden nun aber plötzlich die „Grenzen des Wachstums" (Club of Rome) und die Dialektik des Fortschritts (Horkheimer, Adorno) bewußt. Die bisher auf Evolution eingestellte Stimmung schlug in Revolution aller Verhältnisse um. Eine Art gesamtgesellschaftliche linke Kulturrevolution setzte ein, von der die Studentenbewegung Ende der 60er und Anfang der 70er Jahre im Grunde nur die Speerspitze war. In Wirklichkeit handelte es sich um einen neuen Schub der

Aufklärung und Emanzipation. Sie war verbunden mit der Forderung nach Demokratisierung, ja Politisierung aller Lebensbereiche. Dies waren vor allem an den Universitäten sehr ungemütliche und turbulente Jahre. Man wollte eine Bildungskatastrophe vermeiden und hat sie in Wirklichkeit produziert.

Die neuen Ideen und Bewegungen schlugen sehr schnell in die Kirche durch und vermischten sich dort oftmals mit der aus ganz anderen Wurzeln stammenden konziliaren Erneuerungsbewegung. Entmythologisierung, Entsakralisierung, Säkularisierung waren die großen Programmworte, die schließlich in das Extrem der Gott-ist-tot-Theologie einmündeten, welche in der Zwischenzeit freilich selbst schon wieder tot ist. Die historisch-kritische Methode in der Exegese, die neuzeitliche Freiheits- und Autonomieproblematik in der Moraltheologie, das alles führte zu schwierigen Problemen und zu tiefen Erschütterungen. So kam es zu einem großen Exodus bei den Priestern und Ordensleuten und zu einem Abbröckeln in der Gemeindepraxis, das sich vor allem in der

sinkenden Zahl der Gottesdienstteilnehmer und in einem praktischen Zusammenbruch der Beichtpraxis zeigte.
Es hat keinen Sinn, dies alles zu beschönigen oder zu verschweigen. Man darf freilich auch keinen Kurzschluß begehen. Nicht alles, was nach dem Konzil geschah, ist auch wegen des Konzils geschehen. Es war nicht der Geist des Konzils, der Geist der Schrift, der altkirchlichen Tradition, der Liturgie, sondern der im biblischen Sinn verstandene Geist der Welt, welcher nun in die Kirche einbrach und sie von innen bedrohte. Das wäre ohne ein bereits vorher vorhandenes Vakuum, welches nun offenkundig wurde, gar nicht möglich gewesen. Ohne die konziliaren Kräfte der Erneuerung wäre, soweit man das nach menschlichem Ermessen sagen kann, die Krise sogar noch viel schwerwiegender gewesen. Das Konzil hatte gerade noch zur rechten Zeit ein Auffangnetz gespannt. An was es damals freilich oftmals fehlte, war die notwendige „Unterscheidung der Geister", welche die berechtigten Anliegen kritisch und schöpferisch aufgegriffen und sie von dem, was christ-

lich nicht assimilierbar war, geschieden hätte.
So sind in der nachkonziliaren Phase Licht und Schatten zu verzeichnen. Weder Triumphalismus und naiver Optimismus noch Pessimismus und Defätismus sind angebracht. Ein aus dem Glauben kommender Realismus ist gefragt, welcher die positiven Früchte des Geistes erkennt und die Erschütterungen und Einbrüche der letzten beiden Jahrzehnte als Herausforderung zu einer neuen missionarischen Anstrengung, d. h. zu einer neuen Durchdringung von christlichem Glauben und moderner Kultur begreift. Es liegt an uns, statt zu jammern, aus der Erschütterung eine heilsame Erschütterung zu machen.
In dieser Perspektive fragen wir uns: Wo stehen wir heute? Wohin geht die Kirche unter Papst Johannes Paul II.? Soll das Rad eventuell doch zurückgedreht werden?

IV.

Wo stehen wir heute?

Die Antwort kann wiederum nur in einem größeren Zusammenhang erfolgen. Am Ende der 70er und zu Beginn der 80er Jahre vollzog sich in der westlichen Welt wieder ein Stimmungsumschwung. Man fragt und sucht wieder nach dem Bleibenden und Verläßlichen. Geradezu nostalgisch erinnert man sich wieder der Vergangenheit. Die Volksfrömmigkeit wird wieder neu entdeckt. Die Säkularisierungswelle ebbte ab und machte einer neuen religiösen Welle Platz. Sie ist freilich im allgemeinen recht diffus und vage; in vielem ist sie auch höchst zweideutig. Man denke etwa an das bedrohliche Anwachsen der Sekten bis hin zu den Jugendsekten und Jugendreligionen. Es trifft aber nicht zu, daß diese Bewegung einfachhin an der Kirche vorbeigegangen ist. Die wieder ansteigenden Zahlen beim Priesternachwuchs, das Interesse vieler junger Menschen an Katholiken- und Kirchentagen, die neuen geistlichen Bewegungen in der Kirche und die Nachfrage nach Spiritualität ganz allgemein belegen das Gegenteil.

Auf diesem Hintergrund hat das Pontifikat Johannes Pauls II. eine neue Phase in der nachkonziliaren Epoche der katholischen Kirche eingeleitet. Von allem Anfang an stellte sich der Papst klar und eindeutig auf den Boden des Konzils. Wer aus diesem Papst einen Reaktionär macht, der hat weder seine großen Enzykliken gelesen noch ihn persönlich verstanden. Immer wieder hat der Papst seinen Willen bekundet, das Konzil zu verwirklichen. Durch die weltweite Verteidigung der Menschenrechte gab er außerdem neue Impulse und setzte er neue Maßstäbe. Dieser Papst ist heute für viele Menschen im Osten wie im Süden einer der wenigen Hoffnungsträger in der Welt. Aber Wirksamkeit nach außen setzt eigene Identität im Innern voraus. So zielt dieses Pontifikat innerkirchlich auf dem Boden des Konzils auf Vertiefung und Verinnerlichung; es ist auf innere Stabilisierung und auf mehr katholisches Profil bedacht.

Unglücklicherweise hat man für dieses berechtigte Anliegen das Wort „Restauration“ erfunden. Der Begriff „Restauration“ ist seit dem Anfang des 19. Jahrhunderts politisch negativ besetzt. Er erinnert an die sogenannte Metternich-Ära und die Hl. Allianz, die nach der Französischen Revolution auf Bewahrung und Wiederherstellung der Monarchie bedacht war. So legt dieser Begriff nahe, es gehe um ein Zurück zu einem früheren Zustand. Ein solches Zurückdrehen des Rades der Geschichte ist selbstverständlich auch in der Kirche völlig unmöglich. Im Ernst will auch keiner der in der Kirche Verantwortlichen ein solches Zurück. Kardinal Joseph Ratzinger macht dies in seinem „Bericht zur Lage des Glaubens“ jedem, der dieses Buch nicht nur kritisiert, sondern es auch gelesen hat, völlig klar. Wenn er dennoch, aufgrund einer ihm gestellten Frage, von Restauration spricht, erklärt er sehr genau, was er damit meint und was nicht. Restauration meint nämlich in den romanischen Sprachen, wie übrigens landläufig auch bei uns, auch Erneue-

rung. Das Ziel ist, „alles in Christus zu vereinen“ (Eph 1,10).
Um was es also geht, ist die Erneuerung aus dem ursprünglichen Geist Jesu Christi. Nicht ob wir zurück oder nach vorne sollen, ist die Frage, sondern welches der rechte Weg nach vorne ist.
Die römische Bischofssynode hat im Spätherbst 1985 zusammen mit dem Papst – ohne das mißliche Wort „Restauration“ zu erwähnen – definiert, welches dieser Weg ist: die vollständige Aneignung (Rezeption) des Konzils nach Buchstabe und Geist. Ein ökumenisches, vom Papst bestätigtes Konzil ist schon nach bisheriger katholischer Überzeugung die höchste Autorität in der Kirche, hinter die niemand, auch kein Papst, zurückgehen kann. Ein ökumenisches Konzil ist ein Weg- und Richtungszeichen des Heiligen Geistes für die Kirche. So war die Synode nicht der Meinung, die Verwirklichung des Konzils sei etwa zu weit gegangen. Im Gegenteil, sie war der Überzeugung, daß die Kirche in der Verwirklichung des Konzils erst am Anfang stehe, so daß die Verwirklichung der Tiefenanliegen des Konzils erst noch

eine Aufgabe für die Zukunft ist. Das Konzil, so sagt die Synode, ist die Magna Charta für den weiteren Weg der Kirche in Richtung auf das dritte Jahrtausend. Das kann nicht mechanisch geschehen, sondern unter Beachtung der sich wandelnden „Zeichen der Zeit“ und der neuen geistlichen Impulse in der Kirche. Es geht also, wie beim Konzil selbst, um eine Erneuerung aus den ursprünglichen Quellen im Blick auf den heutigen Menschen, der nach Papst Johannes Paul II. der Weg der Kirche ist.

V.

Drei Prioritäten für die Zukunft

Was also wird die bleibende Bedeutung des II. Vatikanischen Konzils sein? Was wird von diesem Konzil bleiben im dritten Jahrtausend, dem wir mit Riesenschritten entgegengehen?

Es ist – um es mit einem Wort zu sagen – eine erneuerte Vision von der Kirche. Eine erneuerte, keine neue Vision! Denn die Kirche ist in allen Jahrhunderten und auf allen Konzilien dieselbe, und doch ist sie ständig unterwegs, sich und ihre Botschaft besser und tiefer zu verstehen. So hat die Kirche fast zwei Jahrtausende gelebt und gelitten, sie hat gepredigt und ihre Lehre in vieler Hinsicht geklärt. Nie hat sie jedoch in amtlicher Weise klar und deutlich ausgesprochen, was sie von sich selber denkt, was sie selbst ist. Kirche, was sagst du von dir selbst?, das war die große Frage des letzten Konzils.

Die Antwort ist seither viel zerredet und oft genug auch verwässert worden. Sie ist vielmals gar nicht verstanden worden. Um so mehr gilt es diese Antwort wieder bewußtzumachen und ins Leben zu übersetzen. Es ist das Bild einer Kirche, welche weder klerikal „von oben nach unten" noch laikal „von unten nach oben" strukturiert ist, welche vielmehr eine einzige lebendige communio-Wirklichkeit ist, Volk Gottes in der ganzen Vielfalt der Charismen, Ämter und Dienste, eine Kirche, die wir alle sind. Es ist das Bild einer Kirche, welche nicht als eine unbewegliche Institution erscheint, sondern als Kirche unterwegs auf den staubigen Straßen der Geschichte, als pilgerndes Gottesvolk, als eine Kirche, welche immer wieder neu der Reinigung und der Erneuerung bedarf, welche nicht in der Routine aufgeht und nicht Angst hat vor dem Neuen. Es ist das Bild einer Kirche, welche bei aller Wahrung ihres Eigenen doch Kirche ist in der Welt und für die Welt, welche sich versteht als messianisches Sakrament des Heils, der Hoffnung und der Freiheit für die Welt, als Anwalt des Menschen und seiner unveräußerlichen Rechte, als Anwalt besonders der Armen und Unterdrückten. Es ist das Bild einer Kirche, welche missionarisch weltoffen, aber keineswegs weltförmig ist, welche vielmehr lebt und schöpft aus den Quellen des Wortes Gottes und der Liturgie, welche weiß und glaubt, daß sie aus dem Mysterium lebt, weil sie letztlich Leib Christi und Bau im Heiligen Geist ist.

Was heißt das konkret? Auf diese Frage läuft nun alles hinaus. Wenn ich abschließend darauf eingehe, dann tue ich das selbstverständlich auf eigene Rechnung und Gefahr. Es handelt sich um meine persönliche Sicht. Dabei kann und will ich nicht alles vortragen, was mir auch wichtig, teilweise sogar sehr wichtig ist. Ich beschränke mich bewußt auf das nach meiner Meinung Wichtigste, ohne damit anderes ebenfalls Wichtiges auszuschließen. Drei Prioritäten möchte ich auf der Grundlage des Gesagten formulieren:

Erste Priorität: Es geht um eine Erneuerung, die nicht modische Anpassung, sondern Erneuerung aus den Quellen von Schrift und Liturgie ist. Es gilt darum, die geistliche Dimension der Kirche, die Dimension ihres Mysteriums wieder deutlicher ins Bewußtsein zu heben und die Liturgie wieder mehr zur Feier des Mysteriums zu machen. Vor allem noch so notwendigen Tun kommt das Sein. Solche geistliche Erneuerung setzt bei jedem einzelnen an, in der Bemühung – ich benutze bewußt einen vielleicht altertümlich klingenden Begriff – um persönliche Heiligung des Lebens. Nicht um eine liberale Kirche geht es, sondern um ein im besten Sinn des Wortes radikales Christ- und Kirchesein.

Innerhalb dieses größeren Zusammenhangs scheint mir vor allem eines wichtig zu sein. Die gegenwärtige Krise ist nicht zuletzt eine Krise des Glaubens. Die Weitergabe des Glaubens an die nächste Generation ist heute die Schicksalsfrage der Kirche in der westlichen Welt. Was nutzen uns auf die Dauer all die großartigen Werke: Misereor, Missio, Adveniat, die wir aufgebaut haben und auf die wir auch ein wenig stolz sein dürfen, wenn sie nicht getragen und gespeist werden aus dem Geist lebendigen Glaubens? Sie werden nur so lange Bestand haben, als der Glaube in unserem Volk Bestand hat.

Deshalb sprechen der Papst und das europäische Bischofssymposium 1985 mit Recht von der drängenden Aufgabe einer Neuevangelisierung und Neukatechetisierung Europas. Das ist *das* pastorale Thema für die nächsten Jahrzehnte.
Eine zweite Priorität muß hinzukommen. Keiner glaubt für sich allein. Glauben heißt, in die große traditio und communio, in die die Jahrhunderte überdauernde Gemeinschaft der Kirche eintreten. Die zentrale Leitidee für die Erneuerung der Struktur der Kirche lautet deshalb: communio. Doch wird die Kirche heute noch als Gemeinschaft, die Heimat ist, erfahren? Die Erneuerung der communio-Struktur der Kirche scheint mir deshalb etwas vom Wichtigsten zu sein.
Das schließt Verschiedenes ein. Auf der „höheren" Ebene bedeutet dies Einheit der Kirche in der Vielfalt der Ortskirchen. Die Einheit der Kirche bedeutet ja gerade nach dem Konzil keine Einheitskirche. Das ist wichtig im Blick auf die Ortskirchen der Dritten Welt; das ist aber auch schlechterdings ausschlaggebend für den Fortgang der ökumenischen Bemühun-

gen. Niemand wird behaupten wollen, daß in dieser Hinsicht die Saat des Konzils schon voll aufgegangen ist.
Auf der „unteren“ Ebene heißt communio-Struktur die Sorge für lebendige Gemeinden, welche ihrerseits wieder aus einer Vielfalt von lebendigen Gemeinschaften, Gruppen, Bewegungen, Vereinen, „Hauskirchen“ bestehen. Hier kann Mitverantwortung in der Kirche eingeübt werden und Beheimatung erfahren werden. Deshalb hat Papst Paul VI. solche Basisgemeinden als große Hoffnung für die universale Kirche bezeichnet. Die letzte Bischofssynode hat diese Aussage nachdrücklich unterstrichen.
Wie sehr wir in dieser Beziehung in Deutschland noch Entwicklungsland sind, ist mir zuerst in Lateinamerika in den riesigen Slums rund um Lima und jüngst bei einer Reise durch sechs afrikanische Länder aufgegangen. Pfarreien mit 30 000 und 40 000 Seelen sind dort keine Seltenheit. Und doch jammert niemand über Priestermangel. Die Gemeinden werden von Missionaren und einheimischen Priestern geleitet, getragen werden sie aber

von den Laien, die sich in vielen kleinen Gemeinschaften regelmäßig zusammenfinden, um das Evangelium gemeinsam zu lesen und auszulegen, um zu beten und zu singen, um den Gottesdienst der Zentralpfarrei vorzubereiten und um die konkreten sozialen Probleme und Notfälle ihres Wohn- und Siedlungsbereichs zu besprechen und anzupacken. Die Kirche ist hier Heimat, welche weithin das in den Slums längst zusammengebrochene soziale Netz der Großfamilie ersetzt. Sie ist für viele und gerade für die Ärmsten der einzige Hoffnungsschimmer. Kirche als communio ist hier eine lebendige Realität.

Schließlich noch eine dritte Priorität: Ein neues Ernstnehmen des Weltauftrags der Kirche tut not. Das ist das Thema der Pastoralkonstitution „Kirche in der Welt von heute“. In den letzten 20 Jahren waren bei uns die meisten Kräfte für die innerkirchliche Erneuerung, oft auch durch innerkirchliche Grabenkämpfe absorbiert. Doch die meisten Streitereien innerkirchlicher Art interessieren den Großteil der Menschen herzlich wenig. Während das Haus lichterloh brennt, streiten wir

uns, welcher Bilderrahmen zuerst, von wem und wie abgestaubt werden soll. Die Kirche ist doch nicht für sich selber da. Sie ist Sakrament für das Heil der Welt.
Die Theologie der Befreiung hat mit ihrem ganzheitlichen Verständnis des Heils durchaus den entscheidenden Punkt getroffen. Manches ist dabei noch klärungsbedürftig; diese Klärung ist nach meinem Eindruck inzwischen auf allen Seiten auf einem guten Weg. Es ist freilich pure Romantik, zu meinen, wir könnten diese Bestrebungen bei uns kopieren. Europa muß in der Begegnung mit den jungen Kirchen neu zu sich selber und zu seiner christlichen Tradition finden. Es ist groß geworden aus einer Synthese von christlichem Glauben mit der antiken, germanischen und slawischen Kultur. Sie ist durch das Aufkommen der neuen technischen Industriekultur immer mehr zerbröckelt. Die traurige Debatte um den Schutz der ungeborenen Kinder zeigt, wieviel oder wie wenig vom christlichen Abendland und seinem Menschenbild übriggeblieben ist. Eine neue Inkulturation des Christentums in den neuzeitlichen Freiheitsprozes-

sen, in unserer pluralistischen Gesellschaft und Industriezivilisation ist dringend vonnöten.

Die Anfragen an die Christen und an die Kirchen sind da, etwa in der Gentechnologie und Reproduktionsmedizin. In diesen wie in vielen anderen Fragen ist die Kirche durchaus „gefragt". Sie ist heute weithin die einzige noch verbliebene „Sinninstanz" in unserer Gesellschaft. Die Antworten lassen sich freilich nicht in naiver Weise direkt aus der Bergpredigt ableiten. Es ist der Sachverstand der christlichen Laien gefordert; es ist überhaupt viel mehr als bisher die Zeit des Laien, von Männern und Frauen, gekommen. Wenn es ihnen nicht gelingt, eine neue christlich geprägte Familienkultur als Grundzelle unserer gesamten Kultur zu schaffen, dann werden alle anderen Reformbemühungen letztlich umsonst sein.

Von der bleibenden Bedeutung des II. Vatikanischen Konzils sollte die Rede sein. Sie besteht darin, daß dieses Konzil uns eine erneuerte und vertiefte Vision von der Kirche gegeben hat. Daß dieser Vision die Realisation folgt, ist noch immer eine Aufgabe. Ich bin überzeugt, wenn die Kirche den ihr vom letzten Konzil vorgezeichneten Weg geht und in dem Maße, als sie ihn konsequent geht, wird sie absolut nichts von ihrer bisherigen Tradition verlieren. Im Gegenteil, sie wird ihre Katholizität voller und lebendiger ausprägen, als es ihr in den vergangenen Jahrhunderten möglich war. Sie wird mehr als bisher das ganze Evangelium für den ganzen Menschen in der ganzen Welt mit ganzer Kraft bezeugen.

Inhalt